Poetry Stage

Publication House

"रूह से क़लम तक"

संकलन कर्ता

"मिस शायरा"

Poetry Stage

POETRY STAGE PUBLICATION HOUSE

भारत। सिंगापुर। मलेशिया।
पोएट्री स्टेज द्वारा प्रकाशित ***2024***
कॉपीराइट © मिस शायरा" ***2024***
सर्वाधिकार सुरक्षित।
आईएसबीएन x-xxxxxxxxxxx-x

'रूह से क़लम तक' के अंतर्गत वर्णित सभी अभिव्यक्तियाँ कवयित्री की सहमति के बाद सामग्री को त्रुटि-मुक्त बनाने के लिए किए गए सभी उचित प्रयासों के साथ प्रकाशित की गई है। महत्वपूर्ण लेखों एवं समीक्षाओं में सन्निहित संक्षिप्त उद्धरणों को छोड़कर, इस पुस्तक का कोई भी भाग कवयित्री की लिखित अनुमति के बिना किसी भी तरीके से पुन: प्रस्तुत नही किया जाएगा। इस पुस्तक में कवयित्री अपनी रचनाओं के लिए पूरी तरह से जिम्मेदार और उत्तरदायी है, लेकिन विचारों, अभ्यावेदन, विवरण, बयान, सूचना, राय और संदर्भ [सामग्री] तक सीमित नहीं है। इस पुस्तक की सामग्री, प्रकाशक या संपादक की राय या अभिव्यक्ति को प्रतिबिंबित करने के लिए गठित नहीं की जाएगी। प्रकाशक और संपादक इस पुस्तक में प्रकाशित सामग्री का समर्थन या अनुमोदन नहीं करते हैं और ना ही इनकी विश्वसनीयता, सटीकता या पूर्णता की गारंटी देते हैं। प्रकाशित रचनाओं की मौलिकता एवं संबंधित अन्य सभी उत्तरदायित्व कवयित्री की स्वयं होगी। प्रकाशन-वर्ग किसी भी त्रुटि, चूक के लिए उत्तरदायी नहीं होगा, चाहे ऐसी त्रुटियाँ या चूक लापरवाही, दुर्घटना, या किसी अन्य प्रकार के नुकसान, नुकसान के लिए दावा या क्षति के कारण हो, जिसमें प्रत्यक्ष/अप्रत्यक्ष या परिणामी नुकसान या क्षति शामिल है।

सादर संपादक

"प्रस्तावना"

"रूह से क़लम तक" एक सफर है दिल के उन एहसासों का, जो अल्फ़ाज़ की शक्ल में क़लम से बयां होते हैं। यह किताब सिर्फ शायरी का संग्रह नहीं, बल्कि दिल की गहराइयों में छुपी अनकही बातों और अहसासों का आईना है। शायरी को हमेशा से दिल और रूह का जुड़ाव माना गया है, और इसी जुड़ाव को इस किताब में जगह दी गई है। इसमें आपको मोहब्बत के नाज़ुक लम्हे, दर्द की कसक, उम्मीदों की लौ, और ज़िंदगी के उतार-चढ़ाव के रंग मिलेंगे।

हर शेर और ग़ज़ल एक नए रंग, एक नए जज़्बात को बयां करता है। उर्दू के नफ़ीस लफ्ज़ों में लिपटी ये शायरी पाठक को एक ऐसी दुनिया में ले जाती है, जहाँ हर एक एहसास अपना लगता है। यह किताब उन लोगों के लिए है, जो शायरी के ज़रिए अपनी भावनाओं को महसूस करना चाहते हैं और दूसरों के दिलों तक पहुँचाना चाहते हैं। उम्मीद है कि "रूह से क़लम तक" की यह नाज़ुक दुनिया आपको उतनी ही महसूस होगी, जितनी दिल से इसे बयां किया गया है।

'मिस शायरा'

“समर्पण”

सबसे पहले मैं शुक्रगुजार हूँ अपने उस खुदा का जिन्होंने मुझे यह ज़िंदगी दी है और शब्दों को लिखने के इस हुनर से मुझे नवाज़ा हैं। मुझे खुदा के दिए हुनर पर बहुत नाज़ है। उसके बाद मैं अपनी वालिदा और वालिद साहब की तहेदिल से शुक्रगुज़ार हूँ, जिन्होंने मुझे इतनी खूबसूरत ज़िंदगी बख़्शी और मुझे पढ़ा-लिखाकर इस काबिल बनाया है कि मैं अपना और उनका नाम बुलंदियों तक पहुंचा सकूँ। उसके बाद मैं अपने दोस्तों और जिनके लिए मैं ज़रूरी हूँ उनका भी शुक्रिया। कुछ खास लोगों ने क़दम क़दम पर मेरा हौसला अफ़जायी की और मेरे हर सपने को पूरा करने में मदद की और मदद कर रहे हैं उनका बेहद शुक्रिया। उसके बाद मैं पोयट्री स्टेज की पूरी टीम का भी शुक्रिया अदा करना चाहती हूँ। जिन्होंने इसको प्रकाशित करने में मेरी मदद की और मुझे इस काबिल समझा कि मुझे इस किताब को लिखने का मौका दिया। क्योंकि इन सभी के बिना यह किताब पूरी करना नामुमकिन था। साथ ही उन सभी लोगों का भी शुक्रिया करना चाहूँगी जो कहीं ना कहीं मेरी ज़िंदगी में शुमार हैं।

‘मिस शायरा’

“परिचय”

यह किताब "रूह से क़लम तक" एक ऐसी यात्रा है जहाँ दिल की गहराइयों से निकली शायरी क़लम की स्याही बनकर पन्नों पर बिखरती है। इसमें दर्द, मोहब्बत, ख्वाहिशें और ज़िंदगी के तमाम रंगों को नाज़ुक लफ़्ज़ों में पिरोया गया है। हर शेर एक अहसास, हर ग़ज़ल एक दास्तान और हर सफ़ा दिल के किसी कोने को छू लेने वाला है। यह किताब उन सभी के लिए है जो शायरी के ज़रिए अपने जज़्बातों को महसूस करना चाहते हैं।

"रूह से क़लम तक" सिर्फ़ एक किताब नहीं, बल्कि एक एहसास है जो हर लफ्ज़ में छुपे जज़्बातों को बेपरदा करता है। इसमें मुहब्बत की कसक, जुदाई का दर्द, उम्मीदों की लौ और ज़िंदगी की सच्चाइयों को बारीकी से पिरोया गया है। यह शायरी दिल से निकलकर रूह तक पहुँचती है, जहाँ हर शेर अपने आप में एक कहानी कहता है। क़लम की नोक से निकले यह लफ्ज़ महज़ अल्फ़ाज़ नहीं, बल्कि दिल की गहराइयों से निकली सदाओं का रूप हैं।

‘मिस शायरा’

'मिस शायरा'

क़लम नाम :- Ms. Shayara

जन्मतिथि :- 26/04/2000

शिक्षा :- M.Sc (Biotechnology)

संप्रति :- Scientific Officer(Profession), Writer(Passion)

ईमेल आयडी :- ms.shayaraa@gmail.com

साहित्यिक उपलब्धियाँ :-

(1) 'पोयट्री स्टेज' द्वारा आयोजित काव्य-स्पर्धाओं में विभिन्न पुरस्कार

(2) 'Yourquote' द्वारा आयोजित काव्य-स्पर्धाओं में विभिन्न पुरस्कार

प्रकाशित पुस्तकें :-

मौन-मुखर कविताएँ (साझा काव्य-संकलन),

Spring Star (Anthology),

Drizzle (Anthology),

Random thoughts (Anthology).

"माँ"

कुछ पल के हौसले लिए, एक पूरी उम्र गुज़ार दी,
मुश्किलें क्या रोके उन्हें, मुझे जिसने ज़मीं उधार दी।

नींद ओझल जो होती एक हाथ सिरहाने ही मिलता,
देखती बारहाँ जाग-जागकर कि मैंने कब पुकार दी।

मेरे अनकहे अल्फ़ाज़ों को वह चेहरे से पढ़ना जानती है,
वह शख़्सियत माँ ही है जिसने हर मुश्किल सँवार दी।

कौन कहता है ये कि नही होती है दौलत सबके पास,
क्यूँ भूल जाते है ख़ुदा ने माँ के पैरों में जन्नत उतार दी।

हर दम कहते सुना उन्हें असली दौलत तो बच्चे है मेरे,
अपनी इस दौलत को बचाने में पूरी ज़िन्दगी निसार दी।

"पापा"

रखी है पेशानियाँ अपनी सिलवटों में क़ैद कर,
सब चाहतों को रख दिया है ज़हन में समेटकर।

लड़कर कभी लकीरों से खुशियाँ छीनने निकले,
छांव दे करके हमें, चले खुद धूप में हर पहर।

सबकी ज़रुरते ध्यान है अपना तो कुछ भी नहीं,
वह जीते है कैसे अपनी सब ख़्वाहिशें कुर्बान कर।

भूल जाती है औलाद सब अहसानात आसानी से,
क़र्ज़ ना हो पाएंगे पूरे चाहे जितनी जद्दोजहद कर।

वह शख़्सियत बयाँ करना लफ़्ज़ों के बस का नहीं,
अल्फ़ाज़ सारे छोटे है क़द-ए-वालिद है इस क़दर।

"भाई"

कहने को बहुत कुछ है पर अल्फ़ाज़ फीके रह जाएंगे,
ना कायनात के इन लफ़्जों में ज़ज़्बात बयाँ हो पाएंगे।

ताउम्र के इस रिश्ते पर डालने को जो रोशनी चाही तो,
इस फलक़ के सारे सितारे भी, हाँ! कम ही रह जाएँगे।

भाई बहन का रिश्ता तो हर किसी को अज़ीज़ होता है,
ख़ुदा की इस इनायत का शुक्र करते हम थक जाएंगे।

वह हो खुशी का वक्त या फिर हो किसी ग़मका मंज़र,
भाई के साथ बहन और बहन के साथ भाई नज़र आएंगे।

मेरे भाई, मेरी जान!! कोई दो अलग बात नहीं 'शायरा',
अपनी दुआओं से इनके लिए सारी खुशियां छीन लाएंगे।

"दोस्ती"

तक़ाज़ा-ए- वक़्त हो तो हर रिश्ता होता नायाब है,
बेवक़्त जो याद आए, उसे दोस्ती का ख़िताब है।

मोहब्बत के रिश्तों में, दोस्ती गुमशुदा मिलती है,
मगर दोस्ती के रिश्ते में...मोहब्बत बेहिसाब है।

दुश्मनों से हो सामना तो एक दोस्त याद आता है,
बेशक़ दोस्ती मानिंद–ए–ख़ार–ए–गुलाब है।

जिस शख़्स की ज़िन्दगी में कई राज़ दफ़न होते है,
ख़ातिर-ए-दोस्त वही शख़्स, एक खुली क़िताब है।

मोहब्बत की मिठास है तो नमकीन-सी टकरार भी,
सीधे नहीं होते यहाँ हर सवाल का उल्टा जवाब है।

"गुरू 'ज़मीं पर भगवान'"

सफर इस ज़िन्दगी का, नहीं आसान होता है......
भीड़ में रहकर बनाना, मुश्किल पहचान होता है।

हर राह पर मुश्किल खड़ी, मिलेगी तुझको देखना,
मगर दिखाने को राह हमें, एक इंसान .....होता है।

कहने को तो इंसाँ मगर, जुदा है उनकी शख़्सियत,
गुरू इंसान के रूप में, 'ज़मीं पर भगवान'होता है।

पहचान कर क़ाबिलियत, तराशना हाँ! आसाँ नहीं,
कोयले में छिपा हीरा जो खुद से अनजान होता है।

गुरु की कहानी का याद आता है इक क़िस्सा 'शायरा',
द्रोणाचार्य है जहाँ अर्जुन के पास तीर-कमान होता है।

"सफ़र"

फसाने दर फसाने यूंही बढ़ते चले जाएंगे,
हम बस सफ़र में जो भटकते चले जाएंगे।

ज़रा दो पल को सोचने को बैठ जाना बस,
इन शिकायतों के पैमाने बढ़ते चले जाएंगे।

क़िस्मत के नाम पर बहुतो को थमते देखा है,
दुआओं के सहारे लकीरे बुनते चले जाएंगे।

रज़ा-ए-खुदा को जो आ'ला मानकर चलो तुम,
नबी जी ने कहा है, रास्ते खुलते चले जाएंगे।

अब शिरकत जो देंगे ग़महमारी महफ़िल में,
दुआ'ओं से उम्मीदें बुलन्द करते चले जाएंगे।

………………………………………………

क्या खूब हकीकत के आगे इनके तसव्वुर हैं,
मिट्टी के इस बर्तन में सोने जितना तकब्बुर है।

………………………………………………

"उड़ान"

ज़िंदगी के सफ़र की अभी उड़ान बाक़ी है,
पूरी होने को इक अधूरी दास्तान बाक़ी है।

हौसला जो हो, तो हर मुश्किल आसान है,
रखो बस यह सोच अभी अरमान बाक़ी है।

रुकना नहीं यह सोच, कि जमीं कदमों मे है,
हासिल करने को अभी आसमान बाक़ी है।

अपनों के साये में मुश्किलें आसाँ है लगती,
हिम्मत कर उनकी बनना पहचान बाक़ी है।

लफ़्ज़ – बा- लफ़्ज़ अभी जोड़ रहा है शायर,
एक नज़्म बनने को ज़रा उन्वान बाक़ी है।

"ज़िन्दगी"

काफी है एक मुस्कान खुशी अपनी दिखाने को,
क्यों ग़मही होता है हरदम क़ल्ब में छिपाने को।

बेदर्द यह ज़िन्दगी क्यूँ ग़मों की बरसात करती है,
गरीब और मजबूर ही मिलते है इसे सताने को।

रक़ीबों का जहाँ है यह, जो होते है इस तलाश में,
कमजोरियाँ मिले इसकी अपनी ताकत बनाने को।

शतरंज की बिसात पर जैसे हर बार नया दाव है,
हर इक की ज़िन्दगी तैयार कुछ नया दिखाने को।

चाहे – अनचाहे में फँसी है हर किसी की नई सहर,
अँधेरा घिरा रहता है ताकत-ए-सहर आज़माने को।

"सफ़र – ए – हयात"

किताब-ए-जज़्बात पर धूल सी जमने लगी,
रोशनाई की चमक अब गायब सी होने लगी।

समझने की काविशें कहाँ मिलेंगी देखने को,
अल्फ़ाज़ों से दोस्ती कम, नफ़रतें बढ़ने लगी।

ज़िक्र – ए – इत्तिहाद अब है महज़ दिखावे में,
दिखावे में तो ईंट भी, अब दीवार बनने लगी।

बूंदो जितनी खुशियाँ और ग़मों की बरसात है,
तन्हा देख चंद खुशियाँ ही ग़मों से लड़ने लगी।

सफ़र – ए – हयात के हर क़दम पर मुश्किलें है,
मुश्किलें हमराह रही, 'शायरा' फिर चलने लगी।

"यह काग़ज़ यह क़लम"

हाँ! रूठे है मुझसे मेरे ही ख़्वाब आजकल,
कहाँ रहता है मुझे कोई हिसाब आजकल।

उलझी-सी रहती थी कुछ सवालों में अक्सर,
फिज़ूल से लगते है कुछ जवाब आजकल।

मोहब्बत हुई है ऐसी काग़ज़ और क़लम से,
अल्फाज़ों को देती हूँ हर ख़िताब आजकल।

है रक़ीबो की दुनिया, यहाँ कौन किसका है,
बात करने लगी है मुझसे किताब आजकल।

ख़्वाहिशें जो साथ है तो यह सफर हसीन है,
मुसाफिरों के किस्से ही है नायाब आजकल।

"ख़ामोशियाँ"

यह हिज्र की ख़ामोशियाँ मुझे अपनी सी लगती है,
ज़रूरत क्या है लफ़्ज़ की बे-अल्फ़ाज़ समझती है।

अल्फ़ाज़ों से ही अक्सर रिश्तों को बिखरते है देखा,
काग़ज़ पर लिख कर अब हासिल सुकून करती है।

हर ज़ज़्बात बयाँ कर दे कातिब की शायरी ही अब,
बेबाक़ यह बोल देती है वह जिससे ज़बाँ डरती है।

तलब ना हो जो बोलने की तो हुज़्न-ए-हयात नहीं,
ख़ामोशियाँ मेरी सुने और यह मुझसे बात करती है।

आलम जो हो तन्हाई का अश्क़ों से क्या हो राब्ता,
तब मेरा हाथ थाम कर, यह मेरे साथ-साथ चलती है।

"तन्हाइयों का आलम"

तन्हाइयों का आलम गहरा होता चला गया,
जो भी डूबा यहाँ फिर वो बहता चला गया।

बस एक रोज क्या बैठे हम किनारे पर इसके,
लहरो के साथ फिज़ाओं को ढहता चला गया।

ना होना था रू-ब-रू हमें जाना था दूर बस,
है नहीं कोई तुम्हारा...यही कहता चला गया।

हमें तोड़ना था मक़सद, हाँ! अब टूट चुके हम,
चुप्पी से यह क़ल्ब हर दर्द सहता चला गया।

हौसला जो अगर था, कुछ उम्मीदें थी बाक़ी,
वो भरोसा भी अब तार-तार होता चला गया।

"दरकार-ए-अल्फ़ाज़"

हाँ! हार चुके है, अब यूँ ना कहेंगे हम,
मगर बोलने की सूरत में चुप रहेंगे हम।

बहकती हुई बातों से नाता ही नहीं है,
बहकते एहसासो को भी ना सहेंगे हम।

बदलते मंज़र की यह कहानी अज़ीब है,
बा लफ़्ज़ भी बयाँ जो ना कर सकेंगे हम।

जैसे तूफान-ए-दरिया में कश्ती अकेली है,
वह मंज़र सोचकर ही हिम्मत रखेंगे हम।

हर लफ़्ज़ की जहाँ कई तहरीर होती है,
बेवज़ूद - ए - लफ़्ज़ क्या जी सकेंगे हम!

'शायरा' जब दरकार-ए-अल्फ़ाज़ ना होगी,
फिर तब उसे "खूबसूरत मंज़र" कहेंगे हम।

"गुमनाम मोहब्बत"

अभी गुमनाम मोहब्बत हूँ मुझे गुमनाम रहने दो,
नाम की इन शौहरतों से मुझे बेअन्ज़ाम रहने दो।

इस मोहब्बत के दायरे में फासले बहुत ज़्यादा है,
फक़त एक-तरफ़ा मोहब्बत का पैगाम रहने दो।

तख़्लीक-ए-ग़म के साये में मुस्कुराना जानती हूँ,
'शायरा' के लिये इन्तेज़ाम-ए-इब्तिसाम रहने दो।

आरज़ू-ए-कातिब उसके अल्फाज़ों में तब्दील हुई.
उस पर अभी तब्दीलियत का इल्ज़ाम रहने दो।

लफ़्ज़ बा लफ़्ज़ लिखकर मैंने सब दफन रखा है,
बस अभी यूंही इस मोहब्बत को नाकाम रहने दो।

……………………………………………………

"प्यार" ??

ये हो जाता है शुरू किसी ख़ुश-फ़हमी के साथ,
ख़त्म हो जाता है किसी ग़लत-फ़हमी के साथ।

एक अहसास है महज़, प्यार कुछ भी नहीं………,
यह धोखा हो ही जाता है कम-फ़हमी के साथ।

……………………………………………………

"मोहब्बत"

मोहब्बत के ख़ातिर हर शख्स यहाँ बेताब है,
भरोसा नहीं दुनिया में हिज्र का आफ़ताब है।

कोई बज़्म हो तो शायरों की यहाँ कमी नहीं,
इश्क़ में टूटे दिलों को शायरी का ख़िताब है।

दुसरों के ग़मों को ही देख हमने सीख लिया,
ये ज़िन्दगी ग़मों से ही सीखने की किताब है।

इश्क़ में बहुतों के हाथ लगी रूसवाई है, मगर
चकोर का इश्क़ आज भी देखो वही महताब है।

कहते है, जो पूरी हो वह मोहब्बत नहीं होती,
लेकिन अधूरे इश्क़ की भी दास्तानें नायाब है।

"मोहब्बत"

हर शख़्स की बेताबी का आलम यही मोहब्बत है,
हर दीवानी हंसी के पीछे का राज़ भी मोहब्बत है।

इसे उससे, उसे किससे..? सब के मन में झोल है,
हा! आज़ इस ज़माने में, यह बात ही मोहब्बत है।

इश्क़, चांद, चकोर,..! ना जाने वह क्या वक़्त था,
की जैसे चांद चकोर की, मोहब्बत नहीं इबादत है।

वह ज़माना और था अब यह ज़माना कुछ और है,
इस दुनिया -ए-मोहब्बत में हर दिन नई बगावत है।

यूं दिलों का टूटना और टूटकर फिर नया अफसाना,
इक दो दिन का खेल ही मोहब्बत नाम की हसरत है।

"तसव्वुर"

लफ़्ज़-बा-लफ़्ज़ जोड़कर गज़ल हम लिखते हैं,
यह तुम्हारे तसव्वुर ज्यादा, लफ़्ज़ कम लगते हैं।

एहसास-ओ-जज़्बात की स्याही से ये अल्फ़ाज़,
क़ोरे काग़ज़ पर जैसे तस्वीर तुम्हारी रखते हैं।

हाँ! कभी ख़्वाहिशें, कभी फरियाद बुन बुन कर,
यह अब्सार अक्सर उस चाँद से बात करते है।

बेवफ़ाई के समुन्दर में वफ़ा के मोती के मानिंद,
इस जहाँ में सच्ची मोहब्बत के दस्तूर बनते हैं।

'शायरा' की इन तहरीरों में ख़्वाहिशें हज़ार है,
हज़ारों ख़्वाहिशों के बीच एक यक़ीन रखते है।

"इन दूरियों के बावज़ूद"

इन दूरियों के बावज़ूद हर पल तो मेरे पास है,
अनजान है अभी मगर ज़रूर कुछ तो खास है।
कशमकश में ज़िन्दगी उलझी हुई है आजकल,
एक पल खुशनुमा-सा लगे वहीं दूजा उदास है॥

हाँ! कह दूँ मैं इन बहती हवाओं से ....
या कह दूँ मैं इन ढलती फ़िज़ाओं से....
बयाँ करने को ख़्वाहिशें ना यहाँ अल्फ़ाज़ है,
ना ही अल्फ़ाज़ों के.मोहताज़ यह एहसास है।
इन दूरियों के बावज़ूद हर पल तो मेरे पास है॥

मेरी रुबाईयों के तले मेरा पैग़ाम छिपा होता है......
क़लम से दोस्ती करके बशर जबाँ अपनी खोता है।
इत्तेफ़ाक़न हुए क़िस्से हिस्सा बनते है ज़िन्दगी का,
वो इत्तेफ़ाक़ है यादगार जो आज दिल के पास है।
इन दूरियों के बावज़ूद हर पल तो मेरे पास है...।।

Continue......

उन रास्तों पर है कदम जो तेरे ज़ानिब जाते है,
राह मुश्किल है मगर क़दम नही डग़मगाते है।
चाहत है बस मंज़िल की वो मंज़िल है तेरे दिल की,
मुकम्मल हो यह सफ़र अब यही दुआ-ए-खास है।
इन दूरियों के बावज़ूद हर पल तो मेरे पास है....//

"उन ग़मख्वार आँखो को....."

उन ग़मख्वार आँखो को देखने बेताब है,
मेरी आँखें इंतज़ार में तड़पी बेहिसाब है।
कितने सवाल पूछती है ये चांदनी रात से,
कई वजह है या यह हयात-ए-अज़ाब है।

यह अब्सार अब हरदम भीगे- से रहते है,
खुशुनमा होकर भी पल फीके - से रहते है।
कभी-कभी महताब सी धीमी रोशनाई यह,
कभी यह उबलता सा ताब-ए-आफ़ताब है।

इक्तिजा–ए–इख्लास है बे-आब यह प्यास है,
ज़िंदान सी जो लगती है कैसी यह खलास है।
तसव्वुरो में है खुशी-बा-खामोशी इख़्तियार,
रिश्ता ये सिर्फ ख्यालातों का बहुत पायाब है।

Continue.....

लकीरों की दास्तां है या कुरबत है सितारी की,
बरसात है मोहब्बत में अश्क़-ओ- बहारी की।
अब इस चांदनी रात से माँगना एक जवाब है,
"'शायरा'-ए-जानी" हक़ीक़त है!!
या महज इक ख़्वाब है या महज़ इक ख़्वाब है।

"इक नज़्म"

मैं लिखूँ.....
मगर क्या लिखूँ!!
मेरे ज़ज़्बात बयाँ करूँ, या
किसी का ग़म-ए-दुखड़ा लिखूँ!!

यह क़लम तो मेरे साथ है,
काग़ज़ भी, फिर क्या बात है।
जज़्बात दिल मे मैं क्यूँ रखें,
जो दिल कहे मैं वह लिखूँ....॥

लिखने की अब जो बात है,
मंज़र-ए-ग़मही क्यूँ साथ है !!
खुदाया करम अब इस ग़मनशीन क़लम से,
मैं दीदार-ए-खुशी लिखूँ........।
मैं दीदार-ए-खुशी लिखूँ.........॥

"ख़्वाहिश-ए-महताब"

ख़्वाहिश-ए-महताब तो हर दिल में धड़कती है,
कभी देखकर इसे ही बस धड़कनें यह चलती है।

ख़ामोशियों का वो समां कितना हसीन लगता है,
जब तन्हाई में चाँद से यह आँखें बात करती है।

बे-अल्फ़ाज़ भी एहसास मुकम्मल बयाँ होते हैं,
तन्हा रहकर भी मुलाकात रहनुमा सी लगती है।

दर्मियाँ दो शख़्स के, हो जितनी मयस्सर दूरियाँ,
सूरत तो हर रोज उन्हें उस महताब में दिखती है।

हाँ! शायरा दायरों में भी देखती है नज़दीकीयाँ,
अश्क़ छिपा आँखों में लब पर तबस्सुम रखती है।

"कुछ रिश्तें दिल से...."

ख़ामोशी कायम किए हुए वह सरेआम नही होते,
कुछ रिश्तें दिल से होते है जिनके नाम नहीं होते।

ख़त्म-ए-मोहब्बत ही तो है चाहत इस दुनिया की,
वरना यूंही कई किस्से आज गुमनाम नहीं होते।

कहीं यह जीत जाती है, कहीं पर हार मुनासिब है,
यक़ीनन यूंही इश्क़-ज़ादे, यहां बदनाम नहीं होते।

क़ीमत-ओ-क़िस्मत की बात है, दिल तो महज़ शुरुआत है,
नहीं तो जंग-ए-मोहब्बत में, बन्दा-ए-बे-दाम नहीं होते।

मुकम्मल हो रिश्ता दिल से, चाहत से, मोहब्बत से,
फिर भी क्यूं इस दुनिया में, वो हमनाम नहीं होते।

'शायरा' खो जाती है आवाज़ें, ख़ामोशियाँ बोलती है,
हर किसी को समझ आए, क्यूं ऐसे पैग़ाम नहीं होते।

"वजह बेवजह सी"

जब कोई चाहत दिल की हो तो वजह बेवजह सी लगती है
जब कोई इबादत दिल से हो तो वजह बेवजह सी लगती है ॥

हर बात के पीछे कोई वजह हो यह ज़रूरी तो नहीं होता ना
पर कोई वजह जानना चाहे तो, वजह बेवजह सी लगती है ॥

इश्क़ बेवजह सा लगते-लगते, जीने की वजह बन जाता है
ग़र आए कोई वजह बीच में वह वजह बेवजह सी लगती है॥

फरियाद दिल से करे कोई तब भी अधूरी रहा करती है,
मोहब्बत अगर सच्ची हो तो हर वजह बेवजह सी लगती है ॥

"रिश्तें"

कहीं रिश्तों के किस्से बन जाते है........
कहीं किस्सों में रिश्ते बन जाते हैं....।

महज़ फर्क है उन्हें दिल से निभाने का,
तो कुछ ज़िन्दगी के हिस्से बन जाते है।

मुसाफ़िर हैं सब इस छोटे से सफ़र के,
जहां कुछ अचानक फ़रिश्ते बन जाते हैं।

अपनें नहीं हुआ करते हर किसी के पास,
फिर भी सबके नाते-रिश्ते बन जाते हैं।

कहीं रिश्तों के किस्से बन जाते है........
कहीं किस्सों में रिश्ते बन जाते हैं....।

"दिल, धड़कन"

दिल, धड़कन है तो सारी ज़िंदगानी है,
हर एक लफ़्ज़ में बयां पूरी कहानी है।

साथ हो धड़क लिए, दूर हो तड़प लिए,
मोहब्बत में फ़ना होने की यही रवानी है।

कहने को दास्तां मिल जाएंगी लाखों पर,
हर बार ही दिखती, कुछ नई कहानी है।

कोई पढ़े जो लैला मजनू की दास्तां को,
कोई कहे नई नई सी कोई कहे पुरानी है।

कुछ यादें दर्द देती है कभी–कभी सुकून भी,
कभी ज़हर लगती है कभी लगती सुहानी है।

दिल, धड़कन है तो सारी ज़िंदगानी है,
हर एक लफ़्ज़ में बयां पूरी कहानी है।

"किस्से मोहब्बत के"

हाँ! हज़ार है कहानियां, यह किस्से मोहब्बत के .,
हाँ! हज़ार है हीर – रांझा, यह मोहरे मोहब्बत के।

क़िस्मत की बात और जात आ जाती है आख़िर में,
इस बात के सहारे ही, आज सब मारे मोहब्बत के।

कोई कितना यूं चाहता है हदों को अपनी सहता है,
फिर भी कैसे मुस्कुरा रहे हैं देखो हारे मोहब्बत के।

कुछ कहानियां है अनसुनी कुछ किस्से अनकहे रहे,
यूं बेबाक कहने के जज्बे भी देखे सारे मोहब्बत के।

चंद पलों की यादें लेकर ज़िंदगी के सफ़र पर चले,
कहते नहीं सुनते नहीं कुछ देखो प्यारे मोहब्बत के।

"दरकार"

दरकार है हमें उनकी पर उन्हें हमारी नहीं लगती,
ये बेसब्र निगाहें हमारी है मगर हमारी नहीं लगती।

बेशक़ जानती है इन्तेहा ये वाक़िफ़ है हक़ीक़त से,
मगर ख़्वाबों के आगे इन्हें हक़ीक़त नहीं दिखती।

तसव्वुरों के सहारो में ये अब क्यूँ ढूंढती है ज़िन्दगी,
क़त्ल-ए-क़ल्ब तो हो गया फिर यह क्यूँ नहीं थमती।

तन्हाईयों की बारिश है और अश्क़ो का दरिया यह,
निगाहें तिनके के सहारे है क्यूँ कश्ती नहीं दिखती।

मान गए यक़ीनन मुश्किल है यह सफर-ए-ज़िन्दगी,
है ज़रूरत हमें, तन्हा तो तज़ुर्बेदारों से भी नहीं कटती।

"इश्क़ का उसूल"

दुनिया के इश्क़ का उसूल हमको तब समझ आ गया,
जब महताब के सामने तवाफ़-ए-आफ़ताब किया गया।

किसी की चाहत होकर कोई किसी दूजे को चाहता है,
कुदरती इश्क़ देखा तो हमको चाँद बेहतर समझा गया।

मैंने दुनिया में देखे है अक्सर काफ़ी क़िस्से ऐसे मगर,
यह कुदरती सवाल यक़ीनन बहुत कुछ सिखा गया।

इश्क, मोहब्बत लफ़्ज़ नहीं, इबादत इसी को कहते हैं,
ख़ुदा से हो या इंसान से कयामत तक हो दिखा गया।

अल्फ़ाज़ो की महफ़िल थी मैंने आवाज़ क़लम को दी,
यही साथी आज इस भटके हुए को रास्ते से मिला गया।

"दौर-ए-नाउम्मीदी"

हम अपनी बेहतरी के लिए बढ़ते चले गए,
बस उम्मीदों पर नई उम्मीदें करते चले गए।

देखा नही एक बार फिर कुछ रह गया पीछे,
फासलों की दीवारों पर अर्श रखते चले गए।

नाउम्मीदी, नाइत्तिफ़ाक़ी यहाँ आम बात है,
देखो! कितने इस दर्द में फिर मरते चले गए।

दौर-ए-नाउम्मीदी है यहाँ उम्मीद अच्छी नही,
क़ातिब कितने क़िस्सो में ये लिखते चले गए।

रूत्बा, शान-ओ-शौहरत के मारे है यहाँ सब,
गरीब दहलीज़ पर आए, मुंह फिरते चले गए।

"आरज़ू-ए-दिल"

आरज़ू-ए-दिल महज़ रही अधूरी पूरी ना हो सकी,
वो बेअसर सी ख़्वाहिशें थी लाज़मी ना हो सकी।

ग़मनशीन अब यह निगाहें उन्हें ढूंढती है चार सूँ,
बेज़ार सी रही यह ज़िन्दगी ज़रूरी ना हो सकी।

'आरज़ू-ए-क़ातिब' थी वो महज़ लफ़्ज़ों में रह गई,
हालातों पर कारगर उसकी रूबाई ना हो सकी।

अल्फ़ाज़ों मे बयां किया बाख़ूबी अपनी चाहत को,
लफ़्ज़ों की अदालत में उनकी सुनवाई ना हो सकी।

यहां लफ़्ज़ महज़ वाह-वाही के लिए है 'शायरा',
लिखने वाले के मर्ज़ की तो कोई दवाई ना हो सकी।

"नक़ाब-ए-फूल के सहारे काँटे भी महकने लगे"

मेरे अस्क़ाम सारे अब मुझे मंजूर से लगने लगे,
जब मतलब भरे वो काँटे भी फूलों में बदलने लगे।

इस जमाने में दग़ाबाज़ी आज आम सा वो मंज़र है,
जब नक़ाब-ए-फूल के सहारे काँटे भी महकने लगे।

सियासत सी हर और है, सियासत का यह दौर है,
झूठी झूठी बातों से अब कितने लोग बिखरने लगे।

'शायरा' चूर चूर होकर भी हमें मुस्कुराना आता है,
दर्द तो अब महज़ इन अल्फ़ाज़ों से झलकने लगे।

तू शायर होकर शायरी को क्यूं सबसे यूं छिपाता है,
इन्हें बस पड़ना आता है जज़्बात कहां समझने लगे।

"खामोशी"

बा-लफ़्ज़ जो ना कर सके मेरी खामोशी ने कर दिया,
हां! वो नफ़रत के फूल थे, गिरा मतलबी शज़र दिया।

लाज़मी थी आरज़ू वह उनका टूटना भी लाज़मी था,
क़ल्ब ना करे ख़्वाहिशें कि दिल को पत्थर कर दिया।

ज़ाहिर करने को खुशी बस एक मुस्कान ही काफ़ी थी,
जो ग़म से हुआ राब्ता क्यूँ हो बेबस सीने में भर दिया!

वह नासमझी रही या फिर नाइत्तिफ़ाक़ी का ही दौर था!
इन लक़ीरों में तख़लीक था या बदल मेरा मुक़द्दर दिया!

"ज़रा सी उदासी है"

ग़मों का यह दरिया है, या खुशियाँ ही जरा सी है,
खुश हो बहने के लिए यह आँखें कब से प्यासी है।

मगर जब हारे से लगते है, इस ज़िंदगी के सामने,
तो मुस्कुराकर यूँ कहते हैं बस 'ज़रा सी उदासी है'।

वह कश्ती तब अकेली थी वह आज भी अकेली है,
तुफ़ान-ए-दरिया में हिम्मत उसकी ख़ुश-क़यासी है।

सियासत सी लगती है, हर आरज़ू इस दुनिया की,
लगता यहाँ हर चेहरा हमें सियासी-ओ-लिबासी है।

"लफ़्ज़-ए-शायरा'" बार- बार यही दरकार करते है,
तन्हा सफ़र नहीं आसान तो दिलों में क्यों ख़ला-सी है।

"कितने क़दम चलोगे"

रंज़िशे दिलो में रखकर यूँ कितने क़दम चलोगे,
जितनी ज्यादा दूरी होगी उतना ही कम चलोगे।

ग़ममौजूद है हर पल सफर अभी यह लम्बा है,
गुलाब सी यह राहें होगी काँटों पर तुम चलोगे।

रास्तों में अक्सर कहीं पत्थर भी ठोकर दे देगा,
तो कहीं तुम खुशियों भरी यादों में गुम चलोगे।

फसाने यह ज़िंदगी के क़िस्सों से जाहिर होते है,
तजुर्बा इनसे ले चलो चाल अपनी अहम चलोगे।

तलब-ए-सुकून रखना है यह हौसला है राही का,
हासिल-ए-मंज़िल के लिए तेजी से क़दम चलोगे।

हाँ! इस सफर-ए-हयात की राही है ये शायरा भी,
क़िस्सा सुना जो अनकहा तो ज़रा सा थम चलोगे ।

"नाइत्तिफ़ाक़ी"

नाइत्तिफ़ाक़ी का ख़ुमार भी बेशुमार हो गया,
ना चाहते हुए भी हमारे, यह हर बार हो गया।

अब इत्तेफ़ाक़न ये भरोसा होता नहीं किसी पर,
भरोसे के लिए हौसला, अब तार-तार हो गया।

एकतरफा मोहब्बत भी तो आसान नहीं मगर,
आज दिलों का टोड़ना सब पर सवार हो गया।

रक़ीबो की दुनिया मे क्यूं ग़मज़दा 'शायरा' है,
ग़मों को साथ रखने का यह क्या ख़ुमार हो गया!

उम्मीद इस ज़िन्दगी से अब हमको यही रहेगी,
मरने तक नहीं कहेंगे कि, हमको प्यार हो गया।

"गुमनाम जिंदगानी"

अधूरे अल्फ़ाज़ों से भरी यह कैसी कहानी है,
गुमशुदा हम हैं और गुमनाम ज़िंदगानी है...।

खो चुके हैं इस बेमतलब की भीड़ मे 'शायरा'
ना तुझे यह जानेगी और ना अब तक जानी है।

सारे ग़मों को क़ैद कर कैसे मुस्कुरा रहे है हम,
तकलीफ़ अब लगती सांसें है और ग़मपानी है।

जो कोई पूछे झूठ को वजह इस ग़मगीनी की,
झूठी मुस्कान झलकेगी सच्ची बात छिपानी है।

जब नहीं कोई हमदर्द तेरा ना ही कोई सानी है,
बस हम हंस कर कह देंगे, नहीं कोई परेशानी है।

"क्यूं ये दिल कतरा रहा है"

कोई मुसीबत गले लगाकर क्यूं अब मुस्कुरा रहा है,
जाना जिसे जाएगा वो तो क्यूं ये दिल कतरा रहा है।

हमने पूछा हाल ऐसे जैसे कि कुछ भी हुआ नही है...,
फिर भी देखो झूठ सा ही हाल वो अपना बता रहा है।

कोई अल्फाज़ नही बने हैं की हाल मेरा मैं बताऊं...,
फिर मुझसे बेहतर कैसे हां वो हाल मेरा सुना रहा है।

जो बीत जाए रात यह अब सुबह फिर से दिल उठेगा,
दिमाग आया है अब पर दिल दोबारा क्यों जा रहा है।

रात होगी अब जो काली बस क़लम से ही बात होगी,
सुनी अब तक सबकी बातें बोला क़लम से जा रहा है।

यह लफ़्ज़ मेरे, मेरी ग़ज़ल है, ज़िंदगी है, सुकून मेरा,
तन्हाई में मेरा साथ देकर 'शायरा' को बहला रहा है।

"बेमंज़िल सफ़र"

ख़ामोशी का यह समां अब गवाना नही है,
तन्हाई के समंदर में अब डूब जाना सही है।

ऐ ज़िंदगी! कोशिश की मैंने तुझे संवारने की,
हद होती है बिखरने की तू बस फ़रेब 'दही है।

जो बात बेअंज़ाम है जो सफ़र बेमंज़िल रहे,
उस राह मुझे लेकर जाना.दाव तेरा वही है।

इकबार नही दोबार नही हरबार का खेल तेरा,
अब तुझे गुमनाम करने की मैंने बात कही है।

ना जीने की होगी उम्मीदें ना चाह है तेरी अब,
ना कोई सपना मेरा, ना कोई अपना कहीं है।

कोई पूछेगा हाल मेरा मुस्कुराएंगे बेशुमार अब,
तू अपना दाव ना जाया कर मुझे जीना नही है।

“उसूल-ए-क़ायनात”

उसूल-ए-क़ायनात हमें समझ आता नहीं है,
बिन मक़सद कोई किसी को भाता नहीं है।

प्यार के दो लफ़्ज़ गहरी नफ़रत को हरा दे,
मगर ज़माने में कोई प्यार से समझाता नहीं है।

देखी है हमने हज़ारों दास्तानें और कहानियाँ,
जीत होती सच की है पर कोई चाहता नहीं है।

रहते है अल्फ़ाज़ बनकर महज़ कोरे काग़ज़ पर,
मगर लिखे हुए ज़ज़्बातो को पढ़ना आता नहीं है।

नहीं ज़रूरी कि शायरी, निशानी हो मोहब्बत की,
लाज़मी है सिवा इसके मेरा किसी से नाता नहीं है।

ज़माने में दोस्ती को भी ज़रा सम्भालना 'शायरा',
कि दोस्तों से बेहतर दुश्मनी, दूजा निभाता नहीं है।

"मौत को....दीवानगी ना मिली"

मांगने पर किसी को ज्यादा ज़िन्दगी ना मिली,
लम्बी ज़िन्दगी पाकर भी हरेक ख़ुशी ना मिली।

ग़म ही तख़लीक होता है जब बेशुमार यहाँ पर,
ढूँढने से भी ग़म के लिए कोई बन्दगी ना मिली।

होते है तलाश-ए-मोहब्बत में शाहजहाँ के मानिंद,
मगर इश्क़ में किसी के वैसी पाकीज़गी ना मिली।

आखिरत के सामने लगता हसीन है यह सफ़र,
शायद इसीलिए मौत को....दीवानगी ना मिली।

बशर्ते जिन्दगी चल रही है हाथ थाम कर 'शायरा',
वरना अब तक जीने की कोई तिश्नगी ना मिली।

"मज़हब की दीवार"

कमी नहीं मुश्किलों की दुनिया है, हर दम नई होती है,
खुशियाँ सिमट जाती है पलों में, ग़म इतना पिरोती है।

किसी की ख़्वाहिश है अधूरी कहाँ यह फिक्र किसी को,
मोहब्बत हो या ज़रूरत हो दुनिया बड़े चैन से सोती है।

किसी की खुशियाँ बेदर्दी से कुर्बान भी यहाँ होती है,
जब चाहत के आगे मज़हब की दीवार खड़ी होती है।

कोई लेता है सिसकियां अपनी ही आवाज़ दबाकर,
किसी को बस अपनी वक्त गुज़ारी ही करनी होती है।

छल, धोखा, फ़रेब यह हुनर आज आम से हो गए,
और वफ़ा की बात करने मे हिम्मत दिखाई देती है।

"इल्ज़ाम बहुत अच्छा है"

मोहब्बत नहीं की कभी हमने इल्ज़ाम बहुत अच्छा है,
किसी से इश्क़ करने का यह अंज़ाम बहुत अच्छा है।।

यह लफ़्ज़ हमेशा कलमी रहे लबों से ना निकले कभी,
जज़्बातो को क़ैद रखने का इन्तेज़ाम बहुत अच्छा है।

वो कहते रहे झूठ हरदम हम सच भी ना बोल पाए,
दुनिया मे इस खामोशी का एहतेराम बहुत अच्छा है।

करते होंगे लोग यकीनन मोहब्बत यूंही हर किसी से,
मगर एक पर यूं मरते रहना यह काम बहुत अच्छा है।

इश्क़ जुनून है, इश्क़ सुकून है सुनी है यह बातें अक्सर,
हो गए लो हम भी इश्क़ में, गुमनाम बहुत अच्छा है।

"लिखते हैं, मिटाते हैं"

कुछ ख़्याल अनकहे अच्छे कहलाते है,
डरता है मन, कहने से यह खो जाते है।

यह हो जाए बयां गलती से कही हमसे,
जो हम बार बार लिखते हैं.., मिटाते हैं।

जब कोई जज़्बात सुनने वाला नही हो,
हम सबकुछ यूं लिख लिखकर सुनाते हैं।

यूं शायर हम नहीं थे ना कभी बनना चाहा,
ज़िंदगी ने बना दिया है कहां हम बनाते हैं।

देखो किस क़दर डूबते हैं हम अपने अंदर ही,
जब इश्क़ काग़ज़ क़लम से हम निभाते हैं।

"तन्हाई मेरी"

इस हिज़्र के अंधेरे में डूबी है यह तन्हाई मेरी,
दुजों का क्या कहें, दिखती नहीं परछाई मेरी।

अक्सर भटक जाती है राहें यूंही इन अंधेरों में,
बयां करेगी हालत खुद ही जाकर रूबाई मेरी।

क्यूं यह जुबां किसी काम की भी नही रही अब,
हर बात होती है शायरी में साथ रहे तन्हाई मेरी।

ख़ामोशीयां, तन्हाइयां, और यह सब ग़ज़लें मेरी,
जानती है मुझे इतना की करती है सुनवाई मेरी।

बेखौफ शायर बन चुकी हूं अब मुझको गिला क्या,
इन लफ्जों के समंदर मे अब दुनिया समाई मेरी।

"आजकल"

अजीब सी यह उलझनें घेरे हुए है आजकल,
न जाने क्यूं ज़िंदगी मुंह फेरे हुए है आजकल।

पहले ख्वाहिशें थी कभी तन्हाई मे रहने की,
तन्हाई ही मुझे हर तरफ़ घेरे हुए है आजकल।

कभी नही लिख पाती थी एक शेर ठीक से,
अब शेर-ओ-शायरी ही मेरे हुए हैं आजकल।

ग़म देते थे तकलीफ़ कभी अब साथ रहते है,
चलो ग़मों ने तो कहा हम तेरे हुए हैं आजकल।

मुस्कुराकर हरदम यूं चलना आ गया मुझे भी,
ना चाहकर भी 'मुस्कान' ठहरे हुए है आजकल।

"यह क़लम हमारी..."

आसान कहाँ होता है कुछ लिख जाना,
जज़्बातों को लिखकर हर दम मुस्कुराना।

नाज़ुक सी होती है यह क़लम हमारी....,
कहां बस मे है इसके हर अहसास बताना।

लिख देते हैं हर एहसास कोरे कागज पर,
हमें बाखूबी आता है अपने ग़म दफ़नाना।

उदासी के बादलों पर निगाहें थम जाती है,
अब नहीं आता हर बात पर अश्क़ बहाना।

कहते हैं कि ग़मबांटने से, कम हो जाते है,
किसी ने सुना ना होगा तभी सीखा छिपाना।

शायरा यह शायरी तेरी दास्तां ना बन जाए,
बस पन्नों में रख लेना इसे ना कभी सुनाना।

"हरदम मुस्कुराने वाला"

तक़ाज़ा-ए- वक़्त होना इतना आसान नही होता,
हरदम मुस्कुराने वाला क्या परेशान नही होता !!

मिल जाती है खुशियाँ कभी झूठी मुस्कुराहट से,
हाँ! ग़मों से हार जाने का गर अरमान नहीं होता।

काश इस सफ़र में होती, थोड़ी ज़्यादा मुश्किलें,
इस मतलब की दुनिया का तू मेहमान नहीं होता।

ना जाने क्यूं शुरू हुआ यह लफ़्ज़ों का सिलसिला,
ख़ामोशी सुनी जाती तो कोई अनजान नहीं होता।

बे-लफ़्ज़ होती यह दुनिया, अल्फ़ाज़ जरूरी ना होते,
होते हुए ज़ुबां कोई शख़्स आज बेज़ुबान नहीं होता।

"रूठने के बाद"

बदल जाते हैं लोग अक्सर हमें जानने के बाद,
पुकारते नही इक बार भी हमारे रूठने के बाद।

मनाने की आरज़ू नहीं करती शायरा किसी से,
चुप हो जाया करती है, अक्सर हारने के बाद।

ख्वाहिश-ए-मंज़िल क्या करें कल का पता नही,
सफ़र भी अब मुश्किल है, यूं टूट जाने के बाद।

हर शख्स ने समझा लिया मुझे अपने तरीके से,
नहीं राज़ी किसी चीज़ पर हम समझाने के बाद।

ज़िंदगी थोड़ी आसान होती तो ना बिखरते हम,
कौन जुड़ता है दोबारा यूं चूर–चूर होने के बाद।

कुछ भी पाने की ख्वाहिश की ही नहीं कभी हमने,
क़िस्मत छीन लेती है अक्सर ख़ुद ही देने के बाद।

“ख़ामोशी समझने लगे”

हम अपना ग़म फिर अपने ही अंदर रखने लगे,
रिश्ते वो मुकम्मल हैं जो ख़ामोशी समझने लगे।

दूसरो के लिए जिए है ख़ुद को खो ही चुके हम,
जो अपनी जीना चाहा तो सबको खटकने लगे।

सुना है छोड़ देते हैं साथ खून के रिश्ते भी यहां,
या खुदा! मेरे अपने सपने अपनों से छिपने लगे।

कागज़ क़लम का तोहफ़ा ही बस रहने दे ज़िंदगी,
छीना है तूने हर चीज़ जो मुझे अच्छी लगने लगे।

मेरे साथ यह मेरा साया भी कुछ देर ही ठहरता है,
डरता है कही ज़िंदगी, उसे भी दूर ना करने लगे।

शायरा यही कहती रही नहीं यहां कोई किसी का,
आलम ऐसा हो गया हम एक आहट से डरने लगे।

……………………………………………

हुआ आँखों का धोखा या वहम था मेरा,
वही लापता है.जो कुछ अहम था मेरा ।

ऐसे तो एक पल में आ ही जाते है अश्क़,
तब क्यों हुआ पत्थर यह ज़हन था मेरा ।।

……………………………………………

"इस वीराने में मेरा बसेरा"

इस वीराने में मेरा बसेरा हर बार ही बिखर गया,
जितनी दफ़ा बसने लगा उतनी बार उजड़ गया।

कितनी काविशो के बाद, एक शाख़ मिली मुझे,
आई यूं एक आंधी और फिर वो मेरा शजर गया।

मेरी ख़्वाहिशें, मेरी चाहतें अधुरी रही हर बार ही,
मेरी नज़र का सुकून भी किसी को हो नज़र गया।

मिले मुझे सुकून तो उस पल की क्या ही बात हो,
मेरी ख़ुशी का पल कब आया था कब गुजर गया।

दिन होता हर सुबह को है यह रात रोज़ आती है,
बीत इसी तरीके से, मेरा हर दिन अकसर गया।

"ऐसे हाल में"

कोई कैसे रोता रहता है किसी के ख्याल में,
कोई झूठा हंसता रहता है...ऐसे हाल में।

नहीं जानते दिखाना अपना ग़म किसी को,
यह आंखें आ गई देखो किसी के जाल में।

जो कोई पूछे वजह इन आंखों की थकान की,
ना कहेंगे यह जागती है इसी के जलाल में।

नहीं परवाह अब हमें कितना आसां है कहना,
हरदम झूठ बोलते हैं इसी ग़म के मलाल में।

जो पास आया है उसका दूर जाना भी लिखा,
मेरा मुर्शीद यह बता गया देख मेरी फाल में।

"किस्मत और मोहब्बत"

खुदा ने इन लकीरों में एक बात यही लिखी है,
जिसे हम चाहने लगे तो उससे जुदाई लिखी है।

नहीं हासिल है हमें कभी चाहत किसी की भी,
मेरी किस्मत और मोहब्बत में लड़ाई लिखी है।

कभी सोचते हैं कैसा होता अगर यह ना होता,
फिर सोचा खुदा ने लिखी है तो सही लिखी है।

बीत जाएगा वक़्त यूंही इस ज़िंदगी के सफ़र का,
पता नहीं इस सफ़र की मंज़िल भी नहीं लिखी है।

हजारों हैं चेहरे यहां वो एक ही नज़र नही आता,
लगता है उसी चेहरे के लिए नाबीनाई लिखी है।

"मैं ज़िंदा हूं यह चलती सांसें..."

मैं ज़िंदा हूं यह चलती सांसें है गवाह इस बात की,
जी रही है ज़िंदगी चल रही अफ़वाह इस बात की।

ज़िंदा लाश ने गलती की है मोहब्बत करके फिर,
मौत हराम करके दी खुदा ने सज़ा इस बात की।

कुसूर रहा बस मेरा कि बेवफाई के बदले वफ़ा की,
ढूंढने पर भी मिली नही कोई वजह इस बात की।

जो बात रखती ना थी हक़ीक़त मे मौजूदगी कभी,
मैं हर दम बनी रही महज़ ख़ैर-ख़्वाह इस बात की।

बुरा लगता था लगने दिया 'शायरा' यह क्या किया,
कभी खुद के लिए क्यों ना की परवाह इस बात की।

"झूठी मुस्कुराहट"

आज फिर 'शायरा' ने अपना ग़म छिपाया है,
जो भी मिला उससे इसने झूठा मुस्कुराया है।

ग़मगीन हूं किस बात पर किसी को नही पता,
मैंने ये राज़ आज भी आकर यहीं दफ़नाया है।

एक बात अनकही सी भटक रही है ईद–गिर्द,
देखो! ज़रा से साए ने मुझे कितना सताया है।

की है इतनी कोशिशें महज़ उदासी छिपाने मे,
चेहरे पर मुस्कान आंखों पर काजल सजाया है।

भीड़ में तो हंस लिए सबको खुश दिखाने को,
तन्हाई मे मुझ पर क्या बीती, किसे बताया है!

"लफ़्ज़ों की दुनिया"

एक ग़म जिसने खुशी का नकाब पहना है,
ना जाने क्यूं मुझे... उसी के साथ रहना है।

ग़मों के समंदर पर है खुशी की चादर जैसे,
गर कभी सिमट जाए तो मुश्किल सहना है।

एहसास कहे है मैंने सारे मुश्किल लफ्जों में,
कि कोई समझ ना पाए मुझे क्या कहना है।

जब करने हो दर्द बयां, अल्फाज़ काम आए,
फ़क़त मुझे लफ़्ज़ों की दुनिया मे बहना हैं।

इस ज़िंदगी से ख्वाहिशें तो थी बहुत मगर,
'शायरा' जान गई कि ग़म ही मेरा गहना है।

"आंसू छिपाकर मुस्कुराना"

देखो! एक - एक करके सब तो खो गया,
लो, नींद से भी ताल्लुक कमज़ोर हो गया।

सोए रहे सभी अपनी गहरी नींद में यहां, तब
लफ़्ज़ों का यह सिलसिला आसमां को गया।

रोने में सूकून मिले तुझे नहीं कोई सुनने वाला,
घुट-घुटकर अंदर देखो तो कोई कैसे सो गया।

क्या खूब सितम इस पर ज़माने ने ढाए होंगे,
यह सोच भीगा तकिया भी कुछ पल रो गया।

मुस्कान क्या बताएगी हाल किसी वजूद का,
आज आंसू छिपाकर मुस्कुराना आम हो गया।

"डायरी के पन्ने"

कोई महफ़िल पुकारे हमें दो लफ़्ज़ सुनाने को,
हम इनकार कर देंगे इस शायर को जगाने को।

यह अल्फ़ाज़ होंगे महज़ इस दुनिया के सामने,
मेरा एक शेर काफ़ी है मुझे हरदम रूलाने को।

जब सब सो जाते हैं अपनी नींद के आगोश में,
तब शायरा यह जागती है मेरा ग़म छिपाने को।

लिखती है मिटाती है, तू क्या किससे छिपाती है,
यह डायरी के पन्ने बने है सब कुछ दफ़नाने को।

तेरी रुह की आवाज़ यह क़लम जब से बन गई,
कुछ बाक़ी ही ना बचा अब कुछ भी जताने को।

सब तो भूल ही जाएंगे तुझे एक दिन ज़माने में,
तो क्यूं याद रखना मुझे जब बने हम भुलाने को।

"मोहब्बत नही अब बीमारी इश्क़"

सुनो ये क़िस्सा सबका नहीं हमारा है,
ना यह तुम्हारा है और ना तुम्हारा है।

हां! कई रातें गुजरेंगी अब रोते हुए,
के हमने इक दिन हंस कर गुजारा है।

यह किस्मत दोहराएगी अपना अंजाम,
हमने इक बार फिर इसे ललकारा है।

देखें इस बार कितना असर होता है,
यह हर रोज़ हमारी रात का खसारा है।

चांद की मोहब्बत मे तो अक्सर यूंही,
टूट जाता कोई नन्हा सा सितारा है।

मोहब्बत नही अब बीमारी इश्क़ होगी,
सुना है यह जीते जी मौत का नज़ारा है।

"कीमत मुस्कुराने की"

वह जानती है कीमत मुस्कुराने की,
पहचानती है वजह ग़म छिपाने की।

नही आता उसे किसी का दिल दुखाना,
वह हार जाती है सारी बातें ज़माने की।

क्यूं नहीं समझता कोई दर्द होता है उसे,
हद होती है यार, किसी को सताने की।

खुदा जानता है सब पर ख़ामोश है अभी,
यह मुश्किलें नहीं चाल है आजमाने की।

क्यूं कोई शायर रोता है अपनी शायरी पर,
'शायरा' इनका दर्द गहरा है बहुत,.........
बस कमी है इस दर्द को पढ़ने पढ़ाने की।

"फिर आगे बात करते हैं"

हम ख़ामोश हो गए अब ख़ुद से बात करते हैं,
यह टूटे–फूटे लफ़्ज़ ही महज़ मुझे याद करते हैं।

रूठ जाया करते हैं हम अक्सर अपने आप से,
यूंही रुठने मनाने की पूरी ख़्वाहिशात करते हैं।

कभी कहीं घूम आते हैं, हम अपने ही साथ मे,
इस तरह खुद को कभी ग़म से निजात करते हैं।

तन्हाई से, खामोशी से कुछ इस तरह है दोस्ती,
कि थकते नहीं बातें इनसे हम दिन रात करते हैं।

समझती है दुनिया खुश, मुझे कोई ग़म ही नहीं,
हां अकेले जीकर देखो, फिर आगे बात करते हैं।

"कोई यहां जीत कर हारा..."

बीत जाएगा यह वक्त भी जैसे अब तक बीता है,
कोई जी कर मरता है, कोई मर–मर के जीता है।

कोई बताता अपनी सब बाते, अपने पसंदीदा को,
कोई अपनी सब बातों को, अपने अंदर सीता है।

कैसे दिख रहा है वह देखो, कोई झूठा हंसते हुए,
खिलखिलाता है कोई और कोई यहां ग़म पीता है।

किसी ने चाहा पूरे दिल से वह अकेला रह गया,
कोई बस बुरा चाहकर भी कैसे सबका चहीता है।

कितना फर्क है देखो ना सबकी ज़िंदगी में शायरा,
कोई यहां जीत कर हारा, कोई हार कर जीता है।

"दुनिया की रस्म"

दुनिया की रस्म है तो चलो मान लिया हमने,
तवाफ़ है यह इश्क़ आख़िर जान लिया हमने।

वह चांद ज़मीं को चाहे और ज़मीं आफ़ताब को,
यूँही चाहे चकोर चांद को, पहचान लिया हमने।

हम जी तो लेंगे ही तन्हा इस छोटे से सफ़र को,
क्यों किसी के साथ का, अहसान लिया हमने।

ख़ैर अब तो जान गए यहां कोई नहीं किसी का,
तो ज़िंदगी को बेहतर बनाने का ठान लिया हमने।

आएंगी मुश्किलें अब अकेले मजीद, आने देते हैं,
कहना नही किसी से कुछ इतना जान लिया हमने।

"एकतरफा चाहत का नाम दे दिया"

जब ग़म की बात आई तो बहुत अंज़ाम दे दिया,
नहीं मैंने अब ग़म को पैग़ाम ए इब्तिसाम दे दिया।

यह दिन तो बीत ही जाता है यूंही मशरूफ़ रहने में,
मैंने इस रात को भी अब अपना एक काम दे दिया।

कुछ पल की मोहलत भी नही देनी है अब खुद को,
हमने क़िस्मत को खुशियों का सब सामान दे दिया।

रही इश्क़, मोहब्बत, प्यार और मेरे ज़ुनून की बातें,
अब इन सबको एकतरफा चाहत का नाम दे दिया।

नहीं मयस्सर दूरियां इसमें न ख़्वाहिश है मिलने की,
इस चाहत पर हक़ सिर्फ मेरा है यह पैग़ाम दे दिया।

"इश्क़ करने वालो के ज़मीर नही होते!"

यह लफ़्ज़ हर रिश्ते की तामीर नही होते,
दिली रिश्ते अल्फ़ाज़ो से अमीर नही होते।

एक-तरफ़ा अहसासात काफ़ी है इश्क़ मे,
बाद चाहत यह उम्मीदों के ताबीर नही होते।

लुट जाया करते है वो एक–दूजे के लिए,
क्या इश्क़ करने वालो के ज़मीर नही होते!

जिनके हाथ नही होते सब उन्हें भी मिला,
काश हम हाथ होते हुए बेलकीर नही होते।

देते तो है कितने ज़ख़्म, वार इस ज़माने के,
बस दिखाई दे ऐसे ज़ख़्म और तीर नही होते।

"बाक़ी है"

खो दिया है मैंने सब तो बस ज़िंदगी बाक़ी है।
यूंही फ़ना हो जाने की, एक तिश्नगी बाक़ी है।

चाहते नहीं, उम्मीदें नहीं, अब बची ज़िंदगी मे,
फिर क्यूं इस सफ़र में अब आवारगी बाक़ी है।

दीवाना होकर देखा है आवारा होकर देखा है,
ना जाने क्यूं अभी भी यह दीवानगी बाक़ी है।

ज़ुल्म इतने तो हो गए गिनती हमने भुला दी,
लगता है अभी तकदीर की दरिंदगी बाक़ी है।

यह पर मेरे कुतरने चाहे दुनिया ने हर बार ही,
सुन ले यह दुनिया अभी मेरी परिंदगी बाक़ी है।

"खत्म नहीं होता"

एक यह इंतज़ार है कि खत्म नहीं होता,
क्यूं इतना एतबार है कि खत्म नहीं होता।

कितने ज़ख़्म खाए है मुहब्बत में लोगों ने,
फिर भी यह प्यार है कि खत्म नहीं होता।

जिसे दो पल का देखना भी नहीं हासिल,
इस क़दर बेकरार है कि खत्म नहीं होता।

बहुत मुश्किलों से ख्वाहिशों पर काबू पाया,
यह एक तरफा प्यार है कि खत्म नहीं होता।

ख़बर है मेरा नही वो ना कभी हो सकता है,
कैसा यह बुखार है कि खत्म नहीं होता।

"साथ पूरी ज़िंदगी का"

अब जो मिल जाए महज़ एक क़तरा ख़ुशी का,
हम तो भूल जाते हैं, आलम भी ख़ुदकुशी का।

एक एहसास क़ाफ़ी है, जिंदा रहने के लिए तो,
क्यूँ लोग मांगते है........साथ पूरी ज़िंदगी का।

मैंने चाही उसकी दोस्ती उसने प्यार मेरा चाहा,
प्यार तो उसमे भी था जो रिश्ता था दोस्ती का।

एकतरफा चाहत अच्छी दो लोगो के रिश्ते से,
हक़ रहेगा इस पर मेरा तमाम पूरी ज़िंदगी का।

इस दुनिया मे ही है मौजूद कुछ खामियां शायरा,
वरना यूं ना टूटा होता कभी भी दिल किसी का।

"एहसास"

इस कायनात के उसूलों ने क्या क्या दिखाया,
जिनका मिलना नही लिखा उन्हें भी मिलाया।

एहसास क्यों रखे खुले सारे बिना जंजीरों के,
इस जहां में एहसासों ने कितनों को रुलाया।

पाबंदी हर चीज़ में ही कहीं ना कहीं रखी गई,
प्यार जैसी चीज़ को इतना आज़ाद क्यूं बनाया।

एक नज़र, एक आवाज़, कभी महज़ अल्फाज़,
इतने से आगाज़ ने कितनों को कितना सताया।

प्यार, मुहब्बत, इश्क़ और यह एकतरफा चाहत,
कैसे एक एक करके हमें इतना सब सिखाया।

"यह आंखें"

यह आंखें ही तो सबमें कुसूरवार रही,
हर बात बिना बोले ही आर–पार रही।

समझाया कितना इन आंखों को हमने,
मगर सब कोशिशें, हमारी बेकार रही।

ग़म खाए है कितने इसने जिस बात पर,
मगर आज भी उसी की तलबगार रही।

नहीं आई इन्हे बेवफाई करना आज भी,
वो किसी और का है, यह वफादार रही।

एकतरफा ही सही मगर कुछ तो है मेरा,
बस इसी बात के गुरूर की हकदार रही।

"मिला नही करते"

कहते है!
टूटकर बिखरने वाले दोबारा खिला नही करते,
अरे.....! टूटो को जोड़ने वाले मिला नही करते।

छिपाए रखते है अकसर अपने ज़ख्मों को लोग,
उनके ज़ख्म हकीकतन कभी सिला नही करते।

ख़त्म नहीं होती कुछ कहानियां अधुरी होकर भी,
जब किरदार एक दूसरे से कुछ गिला नही करते।

खामोशी के साथ अलग कर लेते हैं अपने रास्ते,
एक दूसरे को मजीद ग़म मे मुब्तिला नही करते।

क़िस्मत ने दिए जो सितम, वो सीने से लगाते है,
बेबसी के दौर मे भी किसी से मिला नही करते।

"एक शख्स ख़ामोश सा"

एक शख्स ख़ामोश सा क्यूं नज़र आ रहा है,
देखो ठहर–ठहर कर वह क्यूं मुस्कुरा रहा है।

कोई अनचाहा ग़म है या कोई अजनबी ख़ुशी,
जिसे छिपाने की कोशिश में ही डूबे जा रहा है।

क्या मिला नही कोई उसे या कोई मिल गया है,
बहुत अजीब सी बात आज वह दोहरा रहा है।

यह खमोशी यह तन्हाई हमें अक्सर बताती है,
जो टूट जाता है, वही इनको पास बुला रहा है।

बा–खूबी जान जाते हैं हर एहसास को शायर,
हम सुन रहें हैं वह झूठ कैसे हमें सुना रहा है।

"मुझसे नज़रें चुरा रहा है"

वो शख़्स ख़ामोश सा मुझसे नज़रें चुरा रहा है,
बिना बोले एक लफ़्ज़ भी सब तो बता रहा है।

कोई मस 'ला दरपेश है उसकी निग़ाहों ने कहा,
सब बताने की ख़्वाहिश जताकर छिपा रहा है।

यह नज़रें समझती रही बिना बोले ही हर बात,
दूरियां होते हुए भी नज़दीक वो क्यूं आ रहा है।

हमें ख़बर है नहीं है मंजिल भी इस सफ़र की,
ना जाने क्यूं सफ़र यह मुश्किल हुए जा रहा है।

उसकी पहचान दिखने लगी लफ़्ज़ों में 'शायरा'
हां! कुछ बातों को लिखकर मिटाया जा रहा है।

"आना जाना लिखा था"

मेरी ज़िंदगी मे उनका यूंही आना जाना लिखा था,
और कुछ दिनों के लिए दिल बहलाना लिखा था।

ऐसे तो यह नजरें कभी अटकी नही थी किसी पर,
देखते ही देखते नज़रों का बस टकराना लिखा था।

वो नज़र और यह नज़र कितनी बातें करती रही,
कुछ वक्त का ही सही हसीन नज़राना लिखा था।

नज़र अंदाज़ किया कितना दिल ने सारी बातों को,
लेकिन दिल को तो एक दिन वही लगाना लिखा था।

सही कहती है शायरा महज़ एक दो दिन का खेल है,
मोहब्बत हुई वहां जहां आख़िर टूट जाना लिखा था।

"सब पन्नो में दफना रहे हैं"

अपने लफ़्ज़ों को हम आज बार बार मिटा रहे हैं,
क्या बात है जिसे हम लिखने से भी छिपा रहे हैं।

नही मालूम ख़ुद को भी, क्या लिखना चाहते हैं,
हम अपने ग़मका आधा हिस्सा ही दिखा रहे हैं।

कोई समझ ना जाए मसला हमारी ज़िंदगानी का,
इसीलिए इन अधूरे लफ़्ज़ों में कहानी बता रहे हैं।

वाक़िफ नही है कोई भी मूझसे इस पुरी दुनिया में,
सब बस उतना जानते हैं जितना इन्हें सुना रहे हैं।

हां! किसी ने पूछा नही, कभी हाल हमसे आकर,
शायद यही वजह है कि सब पन्नो में दफना रहे हैं।

"छोड़ दिया"

अब नज़रों से नज़रें मिलाना छोड़ दिया है,
हमने सबकी नज़र में आना छोड़ दिया है।

कोई ढूंढ ना सके हमें जब हम ना चाहे तब,
हमने अपना सही पता बताना छोड़ दिया है।

तन्हाई हमारी मुख़लिस है, इस क़दर हमसे,
हमने इस भीड़ को आज़माना छोड़ दिया है।

दोस्ती की है अंधेरे से, अब पहले से ज़्यादा,
कि अब रोशनी मे आना जाना छोड़ दिया है।

क्यू हर दम सताती है, यह किस्मत अच्छो को,
इसने भी क्या बुरो को, सताना छोड़ दिया है।

शायरा आजमाइश होती है और चलती रहेगी,
यूं ना समझ खुदा ने, आज़माना छोड़ दिया है।

"तन्हाई बढ़ती जा रही है"

यह तन्हाई दिन बा दिन, अब बढ़ती जा रही है,
इस अकेलेपन से दोस्ती गहरी होती जा रही है।

मशरूफियत तेरी इतनी क्या ठीक है ख़ुद मे ही,
या फ़िर अब ज़िंदगी, यूंही संभलती जा रही है।

चार दिवारी में यूं क़ैद तूने ख़ुद को कर लिया है,
बाहर दुनिया चलती है और निकलती जा रही है।

अपने आप मे यूं गुम होकर, घूमकर आ जाती है,
कैसे अपनी सोच मे खोकर तू चलती जा रही है।

ना मालूम शायरा का, ना इसकी मुस्कान का पता,
ख़ामोशी के समन्दर मे ख़ामोशी बहती जा रही है।

"डूब जाएंगे"

नही मालूम था कि हम इस हद डूब जाएंगे,
कभी वापस इस समंदर से निकल ना पाएंगे।

अब जो डूब चुके तो कैसा क्या गिला करना,
शिकवा रही अपनों से, वह भी नहीं बचाएंगे।

हम किनारे पर ही बैठे देखते रहते दुनिया को,
पता था किसी को बचाने में ख़ुद को गवाएंगे।

ना जाने क्यू इतना समझते नहीं है लोग यहां,
जो दर्द का मरहम बने उसे ही दर्द से मिलाएंगे।

किसी का क्या भरोसा कब कोई बदल जाए,
यह चेहरे पर चहरे है जो हमें कितना सताएंगे।

शायरा ना करना किसी से अब फ़रियाद कोई,
मदद के बजाए यहां सब बस मज़ाक बनाएंगे।

"एक नहीं हूं मैं"

दो मुख्तलिफ शख्सियतों से घिर चुकी हूं मैं,
सबको एक दिखती हूं, मगर एक नहीं हूं मैं।

एक ज़िंदा एहसास है जो बहुत बाते करती है,
दूजा एक ज़िंदा लाश, जैसे कि मर गई हूं मैं।

एक पुरी ज़िंदगी को, यूं पलों मे समेट लेती हूं,
दूजा ज़िंदगी होते हुए, पल-पल तरसती हूं मैं।

एक खुश होता है दूजे का ग़म बांटकर हरदम,
दूजा उदास है कि इसे क्यूं अंदर छिपाती हूं मैं।

बेहतर है एक दुसरे से दोनो ही मेरी शख्सियत,
सच को झूठ और झूठ को सच दिखाती हूं मैं।

"बस नाम अलग है शायरा"

बस बेनाम सी शोहरतें, मेरे आस पास है,
मेरा नाम ना मौजूद अब किसी के पास है।

छिपाई है एक दुनिया मैंने अपनी दुनिया मे,
लगती मेरी नकली दुनिया, ज़्यादा खास है।

खो चुका था एक मुसाफ़िर अपने रास्ते से,
अकेले चलने का अपना अलग एहसास है।

लौटेगा हर शख्स अपनी मंजिल पर एकदिन,
सफ़र तो बीत ही जाना है फिर क्यूं हताश है।

क्या फ़र्क पढ़ता है बस नाम अलग है शायरा,
थोड़ा कुछ मेरे पास है थोड़ा कुछ तेरे पास है।

"खो गई है पहचान मेरी"

इन लफ़्ज़ों में कही खो गई है पहचान मेरी,
या यही अल्फाज़ बन गए हैं, पहचान मेरी।

यूं तो बहुत कुछ कह जाती हूं अल्फाजों में,
मगर क्यों बोलने से, ज़ुबां है अनजान मेरी।

हुआ शुरू यह सिलसिला, यूंही नादानी में,
मगर यह क़लम कभी रही नही नादान मेरी।

यह इतना बोलने लगी, दिन–बा–दिन देखो,
थरथराती है बोलने में, जो बात जुबान मेरी।

नहीं मालूम कैसे, कब लफ्जों से हुई दोस्ती,
बन गई है यह कलम, अब दुनिया जहां मेरी।

"आज इस ज़माने में..."

बरबाद – सी इस ज़िन्दगी को आबाद करना है,
जीना मैं इसे क्यूँ कहूँ जब हर पल में मरना है।

ख़्वाहिशों की सीढ़ियाँ जो ले आई है यहाँ तक,
ऊंचाई से डर ठीक है पर मौत से नहीं डरना है।

ज़िंदगी बिखरती रहेगी इसका बिखरना आम है,
इस सफ़र से पीछे होकर मुझे नही बिखरना है।

साथ चलती क़िस्मत अगर तो रास्ते आसान थे,
ख़ैर क़िस्मत कहां है सुनती मुझे अकेले चलना है।

हौसला मिलता कहां है आज इस ज़माने में...,
मतलब के भूखे है सब यहां मुझे इसे बदलना है।

'मंज़िल-ए-ज़िन्दगी'

देख लिया है इस ज़िन्दगी को क़रीब से मैंने,
यक़ीनन हर राह पर मुश्किलें हज़ार मिलेगी।

इस सफर में साथ चलते है कई हमराही,
पर 'मंज़िल-ए-ज़िन्दगी' तन्हा को चुनेगी।

सोचा सब ख़त्म कर अंजाम दें मौत को,
पर कर्ज़दार है ज़िन्दगी, जाने नहीं देगी।

हौसला ही हारे थे कि परछाई ने कह दिया,
कोशिश तू जारी रख, देख नई राह दिखेगी।

'लफ़्ज़-ए- 'शायरा' है, सफ़र-ए-हयात में,
उम्मीद है ख़ुदा से मंज़िल ज़रूर मिलेगी।

"एक अनजान सा डर"

एक अनजान सा डर सीने में बैठा हुआ है,
मेरा भरोसा शायद मुझसे ही रूठा हुआ है।

किस्मत ने नही छोड़ी कोई एक चीज़ मेरी,
हर चीज़ को कैसे मुझसे दूर समेटा हुआ है।

नहीं मालूम क्या गिला है ज़िंदगी को मुझसे,
इसने किसी ख़ास मक़सद में लपेटा हुआ है।

शायद चाहती है कि इससे मैं प्यार ना करू,
इसलिए यहां हर शख्स मुझसे ऐठा हुआ है।

एक वक्त पर जिसको आरज़ू थी जीने की,
वही आज मौत के इंतज़ार में बैठा हुआ है।

एक दिन तो जाना ही है हम सबको शायर,
फिर क्यूं तू पहले से जनाज़े मे लेटा हुआ है।

"इतना बिखर जाने के बाद"

हम संभले है अब, इतना बिखर जाने के बाद,
ना बिखरने देंगे खुद को इस पार आने के बाद।

बड़ी मुश्किलों से पार किया है यह सफ़र आधा,
सफ़र बाक़ी है मेरा ज़रा सा होश पाने के बाद।

खो दिया है बहुत कुछ, एक अंधेरी दुनिया में,
जहा खुश होते है लोग सबकुछ चुराने के बाद।

मतलब के लिए ही बनते है रिश्ते यहां अक्सर,
अकल भी आती है अक्सर चोट खाने के बाद।

ज़िंदा की नहीं पूछते यहां लोग तकलीफ कभी,
आ जाते है कैसे सब, उसके मर जाने के बाद।

किसी के ख़ातिर ख़ुद को खोना अच्छी बात नही,
हां! मैंने सीखी है यह बात खुद को खोने के बाद।

"क्यूं नही"

इस बेचैन दिल को आख़िर करार क्यूं नही,
कश्ती बीच समन्दर है, आर-पार क्यूं नही।

बेअसर सी ख्वाहिशें लिए दिल धड़कता है,
हासिल इस दिल को आख़िर प्यार क्यूं नही।

मिलती है सबको यहां अपने हक़ की ख़ुशी,
यह दिल किसी ख़ुशी का हक़दार क्यूं नही।

तन्हाई के समंदर मे डूबा है कितनी बार यह,
तकलीफ बढ़ती ही है, कम हर बार क्यूं नही।

आदत हो जानी चाहिए तुझे अब तो 'शायरा',
एक दिन तुझे संभलना है, इस बार क्यूं नही।

मेरे संभल जाने से यह क़िस्सा दम तोड़ देगा,
चाहत तो रहेगी चाहे उससे सरोकार क्यूं नही।

"हम हरक़त नहीं रखते"

जिन्हें हम चाहते हैं, हम उन पर हक़ नहीं रखते,
जो हमें चाहते हैं हम उन पर भी हक़ नहीं रखते।

क्या कोई आया तुमसे पूछने हाल? नहीं कोई नहीं।
है यक़िनन किसी और के, महज़ शक़ नहीं रखते।

हां चाहत है हमारी वह एकतरफा सही, है तो मगर,
चलो हम मोहब्बत के नाम को, मज़ाक नहीं रखते।

सबको चाहिए वह शख़्स जो उनके क़ाबिल हो यहां,
हां! हम नहीं कि हम अपने अंदर, ज़रख नहीं रखते।

हां कितने सूने पड़े हैं 'शायरा' तेरे घर के यह दरवाज़े,
यहां सब आते जाते दिखते हैं, पर दस्तक़ नहीं रखते।

एक महज़ ख़्वाहिश बची है कुछ बनकर दिखाने की,
आएंगे यही लोग तो सुनेंगे कि हम हरक़त नहीं रखते।

"अनकही ग़ज़ल"

मुझे नींद से नफ़रत है या मोहब्बत समझ नही आती है,
कि वहां आकर शायरा मुझे, अनकही ग़ज़ल सुनाती है।

एक छोटी सी नींद लेकर मुझे उसे जब तोड़ना पढ़ता है,
तब जाकर मेरी कलम, यूं ज़िंदा अहसास लिख पाती है।

कहते हैं, ख्याल ज़िंदा हो जाते हैं नींद मे अक्सर सबके,
जो खुली आंखों से नहीं दिखता, नींद सब दिखाती है।

दिन भर ख़ामोश रहकर गुजार दिया अब तुझे बोलना है,
यह कुछ मेरी सुनती है कुछ अपना नज़रिया बताती है।

जिसने जहां मे किसी का साथ ढूंढा खुद को खो दिया,
ख़ुद से दोस्ती करके देखो, तुम्हे क्या-क्या सिखाती है।

"बेरुख़ी"

है बेरुख़ी मेरी ज़िंदगी से, यह बेरूखी मेरी खुद ही से,
ना कोई सवाल होगा, ना सवाल रहेगा मेरा किसी से।

यह ख़ामोशी की आख़िरी हद, ख़ुशी से क़ुबूल की है,
जवाबदेह बस ज़िंदगी है, सवाल मेरा है बस इसी से।

ना इख़्तियार मुझे किसी पर है ना किसी को मुझ से,
ख़फ़ा है मूझसे ज़िंदगानी, गिला नही मुझे किसी से।

या तो अब जवाल होगा या फिर अब कमाल होगा,
बस खुदा तन्हाई मे, मुझे संभाल लेना यहीं-कहीं से।

मौजूद हूं तेरे आस पास ही शायरा तेरे साथ साथ ही,
दुनिया महज़ सफ़र रहेगा मंज़िल मिले तुझे सही से।

“दास्तां बताई है”

मायने नही रखता कि मैंने अपनी पहचान छिपाई है,
मुझे राहत इस बात से है कि अपनी दास्तां बताई है।

बस चाहिए थी ताक़त जो मिली मुझे गुमनाम होकर,
हां! मैंने अपनी पहचान अपने दिए नाम से बनाई है।

एक जिस्म में ही दो रूहें, महसूस होने लगी है मुझे,
बिमारी नही है बस अकेलेपन से लड़ने की दवाई है।

भागती रहती है ज़िंदगी, उसी एक रास्ते पर अक्सर,
ना कोई मोड़ ना मज़ा यह क्या ज़िंदगी की पढ़ाई है!

शायरा जागती है रात को खुशी खुशी सपनो के लिए,
सुबह उठना है ज़िंदगी के लिए इस बात से लड़ाई है।

"हो गई उल्फत हमें"

नहीं दे रही ज़िंदगी अब और मोहलत हमें,
क्यूं महसूस हो रही ज़िंदगी से बगावत हमें।

हमने तो नही चाहा था कुछ भी जो हो गया,
हां तेरा दिया अजाब, लगी यह मोहब्ब्त हमें।

लिखने से क्या मतलब, लिखा है बहुत कुछ,
अब लिखने की आदत से हो गई उल्फत हमें।

इन झूठी मुस्कुराहटों पर, लिखा कितनी मर्तबा
हां! मगर असल मे मुस्कुराए हो गई मुद्दत हमें।

याद नहीं कोई शख्स, जिसने मेरा साथ दिया,
दुनिया की इस भीड़ में क्यों ले गई किस्मत हमें।

"कीमती एहसास"

एक अनकहा सा एहसास है दूर होकर मेरे पास है,
यूं तो नहीं हर वक्त मगर ज़रूरत पर वही खास है।

ज़रूरी नहीं निभाया जाए हर रिश्ता साथ रहकर ही,
दूर रहकर भी साथ निभाना एक कीमती एहसास है।

नहीं ज़रूरत नाम की दिली रिश्तों को इस दुनिया में,
बेनाम रहकर अजीम कहलाने का हक़ इसके पास है।

बेशक जताए नही जाते, यह रिश्ते भुलाए नही जाते,
समझ आती है खामोशी जहां निभाने के क़यास हैं।

बस जाया करती है दुनिया बेनाम रिश्तों से अक्सर,
जहां कभी-कभी खुशी रहे, कभी यह दिल उदास है।

"सब्र"

या ख़ुदा सब्र को इतना अज़ीम काम बताया,
जिसने भी किया है उसका बड़ा नाम बताया।

तुझे मालूम था मुश्किलें होंगी दुनिया में इतनी,
इसलिए सब्र करने का अच्छा अंज़ाम बताया।

अंज़ाम मिले ना मिले पर दिलासे का लफ़्ज़ है,
एक लफ़्ज़ ने कितने ग़मों को गुमनाम बताया।

पैदाइश से लेकर मौत तक सबने सबसे सुना,
बड़े से बड़ा ग़महो 'सब्र करो' सरेआम बताया।

थक चुकी है अब 'शायरा' उसे सब्र ज़रूर देना,
बस इससे आगे नहीं चाहिए जो इनाम बताया।

"महताब याद आएगा"

तारों की रोशनी में ही महताब याद आएगा,
मगर वह फिज़ा-ओ-आफ़ताब बाद आएगा।

जब गुजर चुका हो वक़्त-ए- समझाईश का,
तभी जाकर ऐ! बशर तुझे इत्तिहाद आएगा।

ढल चुकी यह क़ायनात अपने ही सलीके में,
वापसी न होगी जब खुदा का ईशाद आएगा।

बेहतर है ज़िन्दगी फिलहाल तो बेशक़ मगर,
ना लौटकर दोबारा रोज़-ए-फरियाद आएगा।

फ़लसफ़ा इस ज़िन्दगी की पूरी ...उड़ान का,
याद आख़िरत के मंज़र में बेबुनियाद आएगा।

"डर लगता है...,"

शायर होकर शायरी से डर लगता है...,
मुझे अपनी ही डायरी से डर लगता है।

कुछ यादें सिमटी हुई सी कैद है उसमे,
उनकी हरदम हाज़री से डर लगता है ।

हां नहीं डरती मैं सबसे यही कहती हूं,
क्या मालूम कि कायरी से डर लगता है।

शुरू हो जाते है कई किस्से ज़िंदगी मे,
अंज़ाम उनके आख़िरी से डर लगता है।

जो बीती है ज़िंदगी उसे भूल जाना है,
मुझे अपनी ही डायरी से डर लगता है।

"कहानी"

एक था राजा, एक थी रानी,
दोनो मर गए, ख़त्म कहानी।.........

यूंही नही होगी ख़त्म, कभी मेरी कहानी,
न रानी को राजा मिला ना राजा को रानी।

आज के इस दौर मे किस्से होते है सबके,
जहां बन चुकी मोहब्बत खेल–ए–जवानी।

मोहब्बत की हमने वहां जहां उम्मीद ना थी,
क्या करेंगे शिकवा–गिला, तुझसे ज़िंदगानी।

बस महक उठे यह ज़िंदगी अब यूंही तन्हा,
बनना है मुझे ऐसा, जैसे मीरा थी दीवानी।

नहीं है यह ज़िंदगी, तेरे मतलब की शायर,
जब तक ना हो दिल में तेरे मोहब्बत नूरानी।

"आख़िरी तहरीर"

मैं अब एक तहरीर आख़िरी लिखना चाहूंगी।
ज़िंदगी की किताब को, ख़त्म करना चाहूंगी।

लिखें हैं सब जज़्बात इस किताब में ऐसे मैंने,
तन्हाई में बैठकर इन्हें महसूस करना चाहूंगी।

ख़त्म हो जाए कहानी गर मेरी इसी मक़ाम पर,
अच्छे-बुरे रिश्तों को, अलविदा कहना चाहूंगी।

सिखाया है बहुत कुछ, हर क़दम पर ऐ ज़िंदगी,
ज़्यादा नहीं तुझ में मगर थोडा-सा रहना चाहूंगी।

कभी ख़ुशी कभी ग़म, रहे बहुत तेरे दिए सितम,
कुछ पल ऐसे थे जिनके बदले सब सहना चाहूंगी।

मेरी ख्वाहिशें अधुरी है हर किस्सा अधूरा रहा है,
इन अधूरे अल्फाजों में थोड़ा और बहना चाहूंगी।
इस ज़िंदगी की किताब को, ख़त्म करना चाहूंगी।

"पूरी हो गई"

शायरा तेरी अधूरी ख्वाहिश-ए- ख़्वाब पूरी हो गई,
जो कब से अधुरी रही आज वो किताब पूरी हो गई।

एक बुखार दिल पर रहा है, आज सर पर बुखार है,
यूं कम हुई है मशरूफीयात, लो जनाब पूरी हो गई।

ना तबीब है, ना दोस्त, ना तेरे हमसाए हैं आज यहां,
खुश हूं तेरी तन्हाई में लिखने की तलब पूरी हो गई।

अब संभालना होगा ख़ुद को, इसी ख़्वाब के लिए,
सफ़र अभी बाक़ी है मंज़िल-ए-ख़िताब पूरी हो गई।

अभी तेरा सफ़र अधूरा है, कुछ कहानियां अधूरी हैं,
महज़ अधुरे किस्सों से भरी यह किताब पूरी हो गई।

शायरा तेरी अधूरी ख्वाहिश-ए- ख़्वाब पुरी हो गई,
जो कब से अधूरी रही आज वो किताब पूरी हो गई।

www.ingramcontent.com/pod-product-compliance
Lightning Source LLC
LaVergne TN
LVHW021142160826
845679LV00023B/2004